GIUSEPPE VERDI

Der Troubadour

OPER IN VIER AUFZÜGEN

DICHTUNG VON SALVATORE CAMMARANO
UND L. E. BARDARE

VOLLSTÄNDIGES BUCH

NACH DER ÜBERSETZUNG VON HEINRICH PROCH
REVIDIERT HERAUSGEGEBEN UND EINGELEITET
VON WILHELM ZENTNER

PHILIPP RECLAM JUN. STUTTGART

Universal-Bibliothek Nr. 4323
 Herstellung: Reclam, Ditzingen bei Stuttgart
Printed in Germany 1981
ISBN 3-15-004323-9

EINLEITUNG

»Neue, schöne, große, abwechslungsreiche, kühne Stoffe – kühn bis zum Äußersten, neu in der Form und dabei gut komponierbar« – in *Rigoletto* hatte Giuseppe Verdi (1813 bis 1901) diese von ihm selbst erhobene Forderung erfüllt und von Erfolg gekrönt gesehen. Nun galt es, einen Vorwurf von ähnlicher Zündkraft aufzuspüren, an dem sich die musikalisch-dramatische Phantasie entflammen konnte. Der Meister erinnerte sich einer Gestalt, die schon bei der ersten Begegnung ihn stark gefesselt hatte: die Zigeunerin Azucena in dem Drama *El Trovadore* des spanischen Romantikers Antonio García Gutierrez (1812–84). In der Tat schien dieses wildbewegte, freilich auch ziemlich kunstlose, im Jahre 1836 erschienene Ritterschauspiel voll heimlicher Musik zu stecken, der man, was Verdis höchster Ehrgeiz war, einen ›Charakter‹ geben konnte.

Der Komponist wandte sich zwecks Fertigung des Librettos an Salvatore Cammarano (1801–52), der nicht nur, wie seine Dramen und noch zahlreicheren Operndichtungen bewiesen, die Feder gewandt handhabte, sondern auch als Kapellmeister am »Teatro San Carlo« in Neapel ausübender Musiker war. Ursprünglich hauptsächlich für Donizetti tätig, hatte ihn die Zusammenarbeit im Falle der *Alzira* (1845) zum ersten Male mit Verdi zusammengeführt, der sich darauf die Texte zur *Schlacht bei Legnano* (1849) und *Louisa Miller* (1849) von dem theaterkundigen, in den Erfordernissen der Operndichtung wohlbewanderten Manne schreiben ließ. Im April 1851, wenige Wochen nach der Premiere des *Rigoletto,* hielt der Komponist den ersten Entwurf in Händen, von dem er sich allerdings nicht voll befriedigt fühlte. Verdi machte verschiedene Abänderungsvorschläge, wie sie seiner Vorstellung von einer wirkungsvollen Gestaltung des Stoffes besser entsprachen. Bis in die Formulierung des Wortlauts hinein, zum Beispiel in der Schlußszene, erstreckt sich seine Mitarbeit. Cammarano, damals schon von einem schweren Leiden geplagt, vermochte das Libretto nur bis zur Mitte des dritten Aktes fortzuführen. Am 17. Juli 1852 starb er

über der Arbeit. Verdi sandte der Witwe statt der ausgemachten 500 Dukaten 600 und suchte für den Rest einen neuen Textautor. Diesen fand er in dem sonst wenig hervorgetretenen Leone Emanuele Bardare, von dem der Schluß des dritten Aufzuges sowie der von Cammarano und Verdi bereits vorskizzierte vierte Akt stammen.
Die Entstehung des *Troubadour* wurde von mehreren schmerzlichen Ereignissen im Leben des Komponisten begleitet. Einmischungen der Kleinbürger von Busseto, seinem damaligen Wohnsitz, in seine privaten Verhältnisse verstimmten Verdi so tief, daß er zeitweise nach Paris übersiedelte, selbst dort nicht von den Giftspritzern böswilligen Klatsches verschont. Am 30. Juni 1851 mußte er den Tod seiner Mutter Luigia beklagen, die ihm viel bedeutet hatte. Vom Ende Cammaranos ist bereits die Rede gewesen. Kein Wunder, wenn Verdi in den düsteren Geschehnissen des *Troubadour* wahlverwandte Klänge zu vernehmen glaubte. Clarina Maffei gegenüber verteidigt er den Stoff mit den Worten: »Man sagt, die Oper sei zu traurig, es gäbe zuviel Tote darin. Allein, ist im Leben schließlich nicht alles Tod? Was bleibt noch übrig?« Dabei läßt der Meister die Arbeit, die ihn lange in Atem hält, sich sauer werden. Die Musik des *Troubadour,* scheinbar entstanden aus dem Feuer unmittelbarer Inspiration, ist teilweise das Ergebnis vielfacher Umformung. Melodien, von denen man geneigt ist anzunehmen, sie trügen alle Kennzeichen primären Einfalls, sind drei- bis viermal überarbeitet worden, bis sie ihre endgültige Fassung erhalten konnten.
Im November 1852 liegt die Partitur vor, und ihr Komponist begibt sich nach Rom, dem Ort der Uraufführung. Wie gewohnt nimmt Verdi an den Proben im Apollo-Theater teil, allerdings nicht mit ungeteiltem Eifer, denn schon hat sein nächstes Werk, *La Traviata,* von ihm Besitz ergriffen. Mit Spannung wird der Tag der Premiere, der 19. Januar 1853, erwartet. Vom frühen Morgen an sind, trotz der herrschenden Kälte, die Türen des Opernhauses von Einlaßbegehrenden belagert. Der Abend endet mit einem Triumph des Maestro. Das Publikum ist vom Ausdrucksreichtum, von der Melodienfülle der Oper hingerissen, während die Kritik den fortschreitenden Zerfall des Belcanto beklagt. Die italienischen Bühnen erfaßt ein wahres Troubadour-Fieber, man

wetteifert um den Besitz dieser Oper wie die Rivalen Manrico und Luna um Leonore. Auch das übrige Europa wird vom Feuer dieser Musik ergriffen und verzaubert. Wien, Paris, London, Prag, Petersburg, Hamburg und Berlin öffnen in rascher Folge ihre Opernhäuser dem *Troubadour*, der bis auf den heutigen Tag Verdis volkstümlichstes Werk geblieben ist.
Dabei mußte sich das Libretto mancherlei gewiß nicht unberechtigte Kritik gefallen lassen. Wir wollen nichts beschönigen: Es wimmelt in Cammaranos Text und mehr noch in der deutschen Übersetzung Heinrich Prochs von Unklarheiten, Unwahrscheinlichkeiten, und wer sich an Widersprüchen stößt, wird des Kopfschüttelns kein Ende finden. Allein man bedenke, es kam Verdi weder auf strenge dramaturgische Logik noch auf literarisch-ästhetische Werte und Finessen an. Für ihn war *Der Troubadour*, ungeachtet aller Einwände, trotz allem ein gutes Buch. Bot es ihm doch das Gerüst für den Wunderbau einer Musik, die zum Mitreißendsten gehört, was die italienische Oper im 19. Jahrhundert aufzuweisen hat. Was konnten den Musiker einige Unebenheiten und Ungereimtheiten im Einzelnen kümmern, wo er im Gesamten das gefunden hatte, was er brauchte: fesselnde dramatische Charaktere und Situationen, ungewöhnliche Begebenheiten und Schicksale. Im übrigen rollt die Handlung des *Troubadour*, wenngleich die einzelnen Figuren Geschöpfe freier dichterischer Erfindung sind, vor einem geschichtlich belegbaren Hintergrunde ab. Jene Kämpfe, die Luna und Manrico nicht nur als Nebenbuhler um die Gunst der nämlichen Frau, sondern zugleich als politische Gegner erscheinen lassen, sind die Auseinandersetzungen um die Krone von Aragon, die in den Jahren 1410 bis 1412 ausgetragen worden sind. Nach dem Tode König Martins I. waren mehrere Kronprätendenten aufgetaucht, die sich gegenseitig blutig befehdeten. Unter ihnen befand sich auch jener Herzog Urgel, dessen Name von Manricos Kampfgenossen zum Feldgeschrei erhoben wird, während Graf Luna auf der Seite des Infanten Ferdinand von Kastilien steht. Auch mit dem Begriff ›Troubadour‹ verbindet sich ein historischer bzw. musikgeschichtlicher Inhalt. So nennt man jene ritterlichen Sänger des 11. bis 14. Jahrhunderts, die, aus der französischen Provence stammend, in Deutschland das Vorbild

der Minnesänger geworden sind. Wenn Verdi seinen Manrico im ersten Aufzug eine provenzalische Serenade (»Einsam steh ich, verlassen«) singen läßt, so entspricht dies durchaus dem Repertoire eines solchen Troubadours.

Verdi hat in diesem Libretto außerordentlich viele musikalische Anregungen gefunden. Der Melodienreichtum des *Troubadour* ist sogar für einen so einfallsreichen Meister ungewöhnlich, eines jener Wunder der musikalischen Schöpferkraft, vor denen jeder Versuch verstandesmäßiger Erklärung zunichte wird. Was indessen diese Melodien unwiderstehlich macht, ist die Unmittelbarkeit und Wärme der Empfindung, der sie entströmen. Mehr noch: sie sind nicht nur schöne und hinreißende Melodien, sie formen sich überdies zu Sinnträgern des dramatischen Geschehens, in ihrem Feuer wandeln sich die schemenhaften Figuren Cammaranos zu dramatischen Charakteren. Azucena darf in dieser Hinsicht als das Meisterstück ihres Schöpfers gelten; sie ist es auch gewesen, die zuerst vor allen übrigen Personen Verdis Aufmerksamkeit auf sich gezogen hat. Und in der Tat war jene seltsame, nahezu unentwirrbare Mischung von Mutterliebe und Rachedurst in der Brust der Zigeunerin im Grunde nur mit den irrationalen Mitteln der Musik überzeugend zu bannen. Bewundernswert wie in diesem Einzelfall bleibt auch im Gesamten die ausdrucksmäßige Spannweite und Vielfalt dieser Tonsprache, die alle Skalen des Gefühls beherrscht, für zarteste Regungen wie für wilde Leidenschaft, für Liebe und Haß, Diesseitiges und Jenseitiges jeweils den natürlichen Klang findet und diese verschiedenen Regionen in der Einheit des musikalischen Stils zu einem Ganzen zu verschmelzen imstande ist.

Neben dem Melos wird vor allem die Rhythmik zu einer wesentlichen Funktion des dramatischen Ausdrucks. Kaum jemals hat Verdi sie plastischer, abwechslungsreicher profiliert als in dieser Partitur, deren rhythmischer Nerv bis in Bizets *Carmen* hinüberwirkt. So angreifbar auch die textliche Dramaturgie des *Troubadour* sein mag, jene höhere Dramaturgie, die in diesem Fall die Musik schafft, ist höchster Bewunderung wert. So war es entschieden das Verdienst des Musikers, daß er den düsteren Grundcharakter der Handlung durch die Munterkeit des Zigeuner- sowie des Soldatenchores aufgehellt hat, Akzente, die dem Original des García Gutierrez fehlen. Der hinreißende Impuls dieser Oper wird nicht zum letzten dadurch bedingt, daß die Triebkräfte des musikalischen Geschehens die menschlichen Leidenschaften sind. Allein so hoch diese Leidenschaften auch auflodern mögen, sie beugen sich dennoch einem beherrschenden Gesetz: selbst im höchsten Affekt gefährden sie niemals die Linien schöner Sanglichkeit. An diesem Triumph der solistischen und chorischen Singstimmen nimmt auch das Orchester teil, das mit den vokalen Elementen zu einem malerischen Ganzen von Farbe und Schmelz zusammenfließt. *Der Troubadour* ist in jeder Hinsicht ein Werk aus einem Guß, wobei man die etwas leichtgewichteten walzerhaften Eingangsszenen als eine Art Auftakt nehmen muß, der vielleicht aus künstlerischer Absicht die volle Schwere des tragischen Geschehens noch nicht voll empfinden lassen mag. Ich sehe hier weniger eine Schwäche als vielmehr kluge Aufbaudisposition des Meisters.

Unsere Begegnungen mit diesem Werk vollziehen sich leider meist im Zeichen der sogenannten ›Repertoireaufführung‹, zu der Verdis Oper oft im Theateralltag verdammt ist. Jedoch selbst in dieser Gestalt bleiben Größe und Einzigartigkeit dieses Wurfes noch spürbar, besticht die Genialität der Erfindung, sollten auch gewisse Stellen durch ungemeine Popularität allzu gewohnt klingen. Jedesmal aber, wenn dem *Troubadour* eine vom Geist des Verständnisses und der Liebe durchdrungene Aufführung oder Neueinstudierung beschieden ist, beweist er die ihm innewohnende elementare Wirkung.

Die auch noch heute gebräuchliche deutsche Übersetzung stammt von Heinrich Proch (1809–78). Nach Abschluß seiner juristischen Studien wandte sich der in Böhmisch-Leipa Geborene der Musik zu und durchmaß eine glänzende Kapellmeisterslaufbahn, die ihn nach kurzen Anfängen am Theater in der Josephsstadt in Wien für dreißig Jahre (1840 bis 1870) ans Dirigentenpult der Wiener Hofoper führte. Als Komponist trat er vor allem auf dem Gebiet des Liedes hervor, wo er mit einigen seiner Weisen, zum Beispiel mit »Von der Alpe tönt das Horn« oder »Ein Wanderbursch mit dem Stab in der Hand«, eine selbst heute nicht völlig verklungene Volkstümlichkeit errang. Von seinen Kunstgesängen hört man bisweilen noch die für seine Schülerin

Peschka-Leutner geschriebenen Koloraturvariationen mit obligater Flöte, die lange Zeit als Einlage in Rossinis *Barbier von Sevilla* üblich waren. Prochs Verdeutschung des *Troubadour* stellt keine seiner Meisterleistungen dar. In dem Ehrgeiz, sich an die Fessel des Reimes zu ketten, hat er Verse primitivster Opernschablone hervorgebracht, die heute nur noch schwer erträglich sind. Außerdem verstößt er in zahlreichen Fällen gegen Verdis musikalische Phrasierung, ein Mangel, der um so befremdlicher wirkt, als Proch ein guter Musiker und überdies Gesangslehrer war. In unserer Textausgabe wurden Einzelheiten revidiert, ohne daß freilich der Anspruch erhoben werden kann, dem Übel grundlegend abgeholfen zu haben.

Wilhelm Zentner

REIHENFOLGE DER MUSIKNUMMERN

ERSTER AUFZUG

Nr. 1 Introduktion: Ferrando, Chor der Krieger und Diener
Nr. 2 Kavatine: Ferrando, Chor
Nr. 3 Schluß der Introduktion: Ferrando, Chor
Nr. 4 Szene und Kavatine: Leonore, Inez
Nr. 5 Szene und Romanze: Graf, Manrico
Nr. 6 Szene und Terzett: Leonore, Manrico, Graf

ZWEITER AUFZUG

Nr. 7 Zigeunerchor: Zigeuner und Zigeunerinnen
Nr. 8 Kanzone: Azucena
Nr. 9 Chor und Solo: Azucena, Manrico, alter Zigeuner, Chor
Nr. 10 Szene und Erzählung: Azucena, Manrico
Nr. 11 Szene: Azucena, Manrico, Bote
Duett: Azucena, Manrico
Nr. 12 Szene: Graf, Ferrando, Gefolge des Grafen
Arie: Graf, Ferrando, Gefolge des Grafen
Nr. 13 Chor: Graf, Nonnen und Gefolge des Grafen
Nr. 14 Szene und Chor: Leonore, Inez, Graf, Ferrando, Nonnen, Gefolge des Grafen
Nr. 15 Sextett mit Chor: Leonore, Inez, Manrico, Graf, Ruiz, Ferrando, Nonnen, Gefolge des Grafen, Anhänger Manricos

DRITTER AUFZUG

Nr. 16 Introduktion und Soldatenchor: Soldaten, Ferrando
Nr. 17 Szene, Terzett mit Chor: Azucena, Graf, Ferrando, Soldaten
Nr. 18 Szene: Leonore, Manrico, Ruiz
Arie: Manrico
Stretta: Manrico, Leonore, Ruiz, Anhänger Manricos

VIERTER AUFZUG

Nr. 19 Szene, Arie und Chor: Leonore, Ruiz, Manricos Stimme, Miserere-Chor
Nr. 20 Szene und Duett: Leonore, Graf
Nr. 21 Duett: Azucena, Manrico
Nr. 22 Szene und Terzett: Leonore, Azucena, Manrico
Nr. 23 Schlußszene: Leonore, Azucena, Manrico, Graf

PERSONEN

Leonore, *Gräfin von Sargasto (Sopran)*
Inez, *deren Vertraute (Sopran)*
Graf von Luna *(Bariton)*
Ferrando, *sein Waffenträger (Baß)*
Azucena, *eine Zigeunerin (Mezzosopran)*
Manrico *(Tenor)*
Ruiz, *Manricos Vertrauter (Tenor)*
Ein alter Zigeuner *(Baß)*
Ein Bote *(Tenor)*

Anhänger und Diener des Grafen. Anhänger Manricos. Nonnen. Soldaten. Zigeuner und Zigeunerinnen

Ort der Handlung:
Teils in Biscaya, teils in Aragonien

Im ersten Aufzug: Vorhalle im Palast Aliaferia. Dann: Garten des Palastes Sargasto. Im zweiten Aufzug: Verfallenes Gemäuer eines alten Schlosses. Dann: Klosterkreuzgang. Im dritten Aufzug: Lager mit Zelten. Dann: Saal auf der Feste Kastellor. Im vierten Aufzug: Seitenflügel mit einem Turm und einem Tor am Palast Aliaferia. Dann: Kerker

Zeit: Anfang des 15. Jahrhunderts

Spieldauer: Drei Stunden

Uraufführung:
Rom, Teatro Apollo, 19. Januar 1853

Deutsche Erstaufführung:
Wien, Hofoper, 11. Mai 1854

ORCHESTEREINLEITUNG

(Allegro assai sostenuto E-Dur 4/4)

ERSTER AUFZUG

Der Zweikampf

Vorhalle im Palast Aliaferia. Es ist Nacht. Eine brennende Ampel von der Decke erhellt matt den Raum.

ERSTER AUFTRITT

Krieger als Wachen. Diener. Ferrando.

Nr. 1. Introduktion

Ferrando *(betritt die Halle, ermuntert die schläfrigen Wachen und Diener).*
Seid wachsam, seid wachsam! –
Die Pflicht heischt, den Grafen wachend zu erwarten.
Er irrt noch umher vor den Fenstern
Seiner Geliebten und kann den Schlummer
Nicht finden.
Diener. Wilder Eifersucht Qualen
Toben in seinem Herzen.
Ferrando. Im Troubadour, der hier im Garten
Die Laute läßt ertönen,
Erkennt er den Nebenbuhler.
Krieger und Diener.
Um den Schlummer zu bannen,
Der uns zu zwingen droht,
Erzähle uns, was in früher Zeit geschah
Mit dem Bruder unsres Grafen.
Ferrando. Nun wohlan! Versammelt euch um mich.
Krieger. So sei es!
Diener. So hört ihn!

Ferrando.
Glücklich lebt' einst ein Vater von zwei Söhnen,
Graf von Luna war er genannt;
Treu lauschte ihrer Lust und ihren Tränen
Eine Wärterin Tag und Nacht.
Doch eines Morgens bei des Jüngern Wiege,
Als kaum graute der Tag,
Wen erblickte man an des Kindes Lager?
Krieger und Diener. Wen? O rede! Wen? O sag!

Nr. 2. Kavatine

Ferrando *(geheimnisvoll).*
Eine Zigeunerin, furchtbar zu schauen,
Aus ihrem Angesicht schauerte Grauen.
Über das Kind schlug sie Zauberzeichen,
Schleuderte Blitze aus ihren Augen.
Vor Schreck erbebend, rief
Um Hilfe schnell die Wärterin,
Blickte mit Schaudern
Auf das Bett des armen Kindes hin.
Doch kaum noch verhallte
Der Amme Angstschrei,
So eilt schon der treuen Diener Schar herbei.
Und heulend und drohend und unter Flüchen
Entflieht sie schnell,
Die frech sich eingeschlichen.
Unter Drohn und Flüchen eilt sie schnell hinweg,
Die frech sich eingeschlichen.
Krieger und Diener.
Ha, welch ein Grauen will uns erfüllen,
Das Herz erzittert in unsrer Brust.
Ferrando. Wie man sagt, wollt'
Dem Kind sie prophezeien,
Seine Zukunft ihm deuten.
O Lüge! Nein, dem Unheil nur es zu weihen,
Sann sie auf sein Verderben.
Von Schwäche aufgezehrt, schwinden seine Kräfte.
Ach, und quälende Schmerzen entpreßten ihm Tränen
In bangen Leidensstunden.
Das Kind, es war verzaubert! –
Die alte Hexe ward bald ergriffen,

Mußte am Holzstoß sühnen und büßen.
Doch eine Tochter blieb ihr am Leben,
Der sie die Rache hat übergeben.
Schrecklich erfüllte die,
Was der Mutter sie gelobte,
Hat ihren Feuertod grausam vergolten.
Denn an dem Ort,
Wo die Hexe geendet,
Da fand man, erfahrt es!
Die Lippe schaudert, es auszusprechen,
Fand halb verbrannt man, o Gott,
Die Gebeine des armen Kindes,
Fand halb verkohlt man des Kindes Leiche.
Noch stieg der Rauch vom Feuer auf zum Himmel,
Ach, und des armen Kindes Seele
Flog auch zu Gott empor!

Krieger und Diener.
Ha, welch ein Grauen füllt unsre Seele,
Und kaum ist zu fassen, was wir gehört! –

Nr. 3. Schluß der Introduktion

Einer. Und der Vater?

Ferrando. Lebte nur noch wenig Jahre.
Eine Ahnung doch sprach in seinem Innern,
Daß sein Kind damals nicht sei dem Tod verfallen;
Und auf dem Sterbebette
Beschwor er unsern Herren,
Daß er die Spur der Verbrechrin
Stets verfolgen sollt'! Eitle Hoffnung!

Krieger. Hört' von ihr man nichts mehr
In spätrer Zeit?

Ferrando. Alles vergebens!
O könnte nur einmal, einmal ich sie sehn!

Diener. Und würdest du sie erkennen?

Ferrando. Ungeachtet der Zeit, die vergangen –
Ja! Ich könnt' es!

Krieger. Mit ihr hinab zur Rabenmutter
In der Hölle tiefste Gründe!

Ferrando. In die Hölle? – Sagt man doch,
Daß sie noch wandle auf der Erde
Und nicht Ruh' kann finden,

Die Zauberhexe.
Wenn wolkenschwarz der Himmel,
Dann zeigt sie sich in verschiednen Gestalten.
Tenöre der Diener. So ist es! –
Tenöre der Krieger. So ist es! –
Bässe der Diener. So ist es! –
Bässe der Krieger. 's ist wahr!
Krieger. Man sieht in den Nächten
Hoch auf Dachesfirsten
Als Eule die furchtbare Hexe oft sitzen.
Diener. Sie starrt mit den gläsernen Augen hernieder
Und flieht, wenn die Helle des Morgens herrscht wieder.
Ferrando. Ein Diener des Grafen hat einst sie gesehen,
Voll Todesgrauen, sie verhöhnte sein Flehn!
Er starb!
Krieger. Ah! Er starb!
Ferrando. Schrecken tötete ihn!
Krieger. Ah!
Ferrando. Er starb – ja vor Grau'n!
Sie erschien ihm in nächtlicher Weile
Als Eule!
Geheul war zu hören, ein Schauder dem Ohre!
Krieger und Diener. Als Eule! Als Eule!
Ferrando. Sie sah mit den gläsernen Augen ihn an.
Um den Armen, ach, war es getan!
Krieger und Diener. O Grauen!
Ferrando.
Da tönte vom Turm die Mitternachtsstunde –
(Es schlägt Mitternacht.)
Alle *(beim Klang der Glocke aufschreckend).*
Hört! – Hört!
Ja, verflucht sei die Hexe,
Die Unheil und Schrecken uns bringt! – Ah!
(Die Diener eilen nach der Tür, die Krieger in den Hintergrund.)

VERWANDLUNG

Garten des Palastes Sargasto

Ein Fenster im Palast ist erleuchtet. – Trübe Mondnacht.

ZWEITER AUFTRITT

Leonore. Inez.

Nr. 4. Szene und Kavatine

I n e z *(besorgt)*. Warum verweilst du?
Finstre Nacht umgibt uns;
Die Fürstin wünscht dich zu sprechen –
Du säumest?
L e o n o r e. Und wieder eine Nacht, ohne ihn zu sehen!
I n e z. Deiner Liebe Glut bringt dir Unheil.
Vertrau mir, rede!
Wie erwachte in dir so rasch die Liebe?
L e o n o r e *(begeistert)*. Beim Turniere! Ich sah ihn,
Trauergewand und dunkler Helm
Zierten den Jüngling. Niemand kannte ihn,
Den mutigen Helden, der auf dem Kampfplatz
Besiegte die Gegner.
Ich schmückt' ihn dafür mit der Blumenkrone.
In den Krieg doch mußt' er ziehen.
Ich sah ihn nimmer; doch die geliebten Züge,
Ich ersah sie im Traume.
Und so entschwand mir die trübe Zeit!
Doch einst –
I n e z. O sprich nur!
L e o n o r e. So höre! –
Es glänzte schon das Sternenheer,
Der Zephir säuselt' leise,
Der Mond strahlte ein Silbermeer
In friedenvoller Weise.
Ach, da ertönt' im Abendwind,
Wie alles still und leise,
Aus dem Gebüsch verführerisch
Die wundervolle Weise,
Ein trüber, ach! und sehnsuchtsvoller Klang,
Ja, des Troubadours Gesang! –
Auf zu dem Himmel stieg sein Gesang,
Er flehte zu den Sternen;
Ich hörte *meines* Namens Klang
Ertönen in weiten Fernen.
Schnell eilte ich zum Fenster hin,
Er war es, der Geliebte.

Ein Freudenstrom durchdrang mein Herz,
Selig blickt' ich himmelan.
Mir galt der wundervolle Klang,
Ja, mir des Troubadours Gesang.
I n e z. Ach! Deine Worte machen mich beben,
Und meine Seele erzittert.
L e o n o r e. O Törin!
I n e z. Zweifel und Bangen füllt meine Seele,
Geheimnisvoll ist der Fremdling.
Du mußt ihn vergessen.
L e o n o r e. Was sagst du? Kein Wort mehr!
I n e z. Vertrau der Freundin warnendem Rat,
Hör mich!
L e o n o r e. Ihn vergessen?
Ach, dieses Schreckenswort,
Nicht begreift es ein liebend Herz! –
Ein unnennbares Sehnen
Durchflutet meine Seele,
Ich lächle unter Tränen,
Nur er liegt mir im Sinn!
Ist nutzlos auch mein Streben,
Bleibt ungestillt dies Sehnen,
Kann ich für ihn nicht leben,
Will sterben ich für ihn!
I n e z *(für sich)*. Der Liebe bittre Leiden
Durchwogen ihre Brust.
L e o n o r e. Ein unnennbares Sehnen
Durchflutet meine Seele,
Ich lächle unter Tränen,
Nur er liegt mir im Sinn!
Ist nutzlos auch mein Streben,
Bleibt ungestillt dies Sehnen,
Kann ich für ihn nicht leben,
Will sterben ich für ihn!
Für ihn zu sterben, welche Seligkeit!
O welche Lust, für ihn zu sterben!
I n e z. Der Liebe bittre Leiden
Ziehn durch ihr getreues Herz.
B e i d e *(gehen in den Palast)*.

DRITTER AUFTRITT

Graf Luna in einen Mantel gehüllt. Dann die Stimme Manricos.

Nr. 5. Szene und Romanze

Graf. Rings tiefes Schweigen!
Erquickender Schlaf umfängt
Wohl jetzt schon lang die Fürstin;
Doch sie, die Teure, wacht noch!
(Er sieht nach dem erleuchteten Fenster im Palast.)
O Leonore! Ja, du wachst noch,
Es schimmert aus deinem Fenster
Noch ein Schein des Lichtes
Und mir ein Strahl der Hoffnung.
Ach! Heißer Liebe Sehnen
Erfüllt die treue Brust.
Ja, ich muß dich sehen,
Du mußt mich hören! Teure,
Mit Allgewalt zieht mich mein Herz zu dir!
(In der Nähe erklingt die Laute des Troubadours.)
Der Troubadour! – O Himmel!

Die Stimme des Troubadours.
Einsam steh ich, verlassen,
Kann meine Qual nicht fassen,
Und eine Hoffnung nur
Lächelt dem Troubadour –
Winkt ihm der Liebe Lust
An der Geliebten Brust.

Graf. Was hör ich? Ich bebe!

Die Stimme des Troubadours.
Schlägt mir dein Herz entgegen,
Schützt mich des Himmels Segen!

Graf. Himmel!

Die Stimme des Troubadours.
Ach, und das größte Glück –

Graf. Ha, welche Qualen!

Die Stimme des Troubadours.
Strahlt mir aus deinem Blick.
Freuden erfüllen nur
Den treuen Troubadour.

VIERTER AUFTRITT

Leonore. Graf.

Nr. 6. Szene und Terzett

G r a f *(für sich).* Gott, was seh ich! Ja, sie kommt!
(Er hüllt sich dichter in seinen Mantel.)

L e o n o r e *(stürzt in die Arme des Grafen im Glauben, es sei Manrico).* O mein Geliebter!

G r a f. O Gott!

L e o n o r e. Ach, wo verweilst du denn so lange?
Ich zählte schon die Stunden
Mit bangen Herzensschlägen!
Doch jetzt entfliehn alle Qualen,
Denn du liegst an dieser treuen Brust.

FÜNFTER AUFTRITT

Manrico, das Gesicht mit einem Visier bedeckt. Leonore, den Grafen umarmt haltend.

M a n r i c o. Ha, Falsche!

L e o n o r e. Welche Stimme!
(Manrico rasch erkennend, wirft sie sich ihm zu Füßen.)
Ach, in der Dunkelheit
Konnt' ich dich nicht erkennen!
Zu dir, du meine Seligkeit,
Zieht mich mein einzig Sehnen.
Nur du bist all mein Glück, ja,
Mein Sein und all mein Leben,
Dich lieb ich, dich allein nur,
Mein teurer Troubadour!

G r a f. Du wagst es?

M a n r i c o *(Leonore aufrichtend).*
O welche Wonne!

G r a f. Mein Herz erbebt in Wut!

L e o n o r e. Dich lieb ich! – Mein alles!

M a n r i c o. O welche Wonne!

G r a f. Du Feiger, zeig dein Angesicht!

L e o n o r e *(leise zu Manrico).* O Gott!

G r a f. Nenn deinen Namen!

L e o n o r e *(wie vorher).* O welche Angst!

Manrico *(sein Visier aufschlagend).*
Erkenne mich! Manrico bin ich!
Graf. Was? Du bist's? O Himmel!
Du Verwegner! Wie kannst du es wagen,
Noch hier zu erscheinen?
Dein Urteil ist gefällt,
Verwirkt hast du dein Leben!
Manrico. Was säumst du? Ruf schnell
Nur deine Wachen und überliefre
Den Nebenbuhler hier dem Henkerbeile.
Graf. Der Tod ist dir viel näher, hier
Von meiner Hand mußt du sterben!
Folg mir!
Leonore. Hört mich!
Graf. Meiner Rache Beute,
Fällst du jetzt von meinen Händen!
Leonore. O hört mein Flehen!
Graf. Folge mir!
Manrico. Wohlan!
Leonore. Was soll ich tun?
Graf. Folge mir!
Manrico. Wohlan!
Leonore. Ein einz'ger Laut kann ihn ja verraten!
Hört mich!
Graf. Nein!
Wilde Eifersucht im Herzen
Leid ich wahre Höllenqualen!
Tödlich sind verschmähter Liebe Schmerzen,
Mit dem Leben muß er's zahlen.
(Zu Leonore.) Liebe hast du ihm geschworen,
Er war deine Seligkeit!
Aber nun ist er verloren,
Ja, dem Tod sei er geweiht.
Leonore *(zum Grafen).* Ach! Bezähm doch dein Wüten,
Ja, du mehrest nur deine Qualen!
Sieh im Staube mich bitten,
Gnädig lasse Hoffnung ihm strahlen.
Sei der Tod mir auch geschworen,
Für ihn sterben, o Seligkeit!
Doch nur er sei nicht verloren,
Er, dem ich mein Herz geweiht!

M a n r i c o. Mag er toben, mag er wüten,
Er vermehrt nur seine Qualen.
Nein, er weiß nicht, was ich schon gelitten,
Mit dem Leben muß er's zahlen.
Ja, du bist nun verloren,
(Zum Grafen.) Und dein Tod ist mir Seligkeit!
(Zu Leonore.) Treue Liebe sei dir zugeschworen,
Treue Liebe in Ewigkeit!
G r a f *(zu Manrico).*
Folg mir! – *(Zu Leonore.)* Ha, du liebst ihn!
Du kannst es wagen! – Du kannst es wagen!
Tödlich sind verschmähter Liebe Schmerzen,
Mit dem Leben muß er's zahlen.
Ihn zu lieben hast du gewagt,
Ja, er war deine Seligkeit!
Er sei dem Tode nun geweiht.
M a n r i c o *(wie vorher zum Grafen).*
Ja, du bist nun verloren,
Und dein Tod ist mir Seligkeit!
(Zu Leonore.) Treue Liebe sei dir zugeschworen,
Treue Liebe in Ewigkeit –
L e o n o r e. Sei der Tod mir auch geschworen,
Für ihn sterben, o Seligkeit!
Doch nur er sei nicht verloren,
Er, dem ich mein Herz geweiht!
Ja, dem ich mein Herz geweiht!
G r a f. Ja, wilde Eifersucht im Herzen,
Leid ich wahre Höllenqualen!
(Zu Leonore.) Liebe hast du ihm geschworen,
Mit dem Leben muß er's zahlen,
Ja, er sei dem Tod geweiht –
Er sei dem Tod geweiht!
M a n r i c o. Treue Lieb' in Ewigkeit!
Ja, geschworen sei treue Liebe
Dir in Ewigkeit!
G r a f. Ja, er sterbe, er sei dem Tod geweiht!
M a n r i c o und L u n a *(kreuzen die Klingen).*
L e o n o r e *(eilt zwischen die Kämpfer und sucht sie zu trennen).*

ZWEITER AUFZUG

Die Zigeunerin

Verfallenes Gemäuer eines früheren Schlosses am Fuße eines Berges von Biscaya. Früher Morgen.

ERSTER AUFTRITT

Azucena. Manrico. Zigeuner: Männer, Weiber, Kinder.

Nr. 7. Zigeunerchor

Azucena *(sitzt, vor sich hin brütend, auf dem Steinsitz am Feuer).*

Manrico *(steht in Nachdenken versunken an ihrer Seite).*

Männer. Seht, wie die Wolken am Himmel ziehen,
Bald lacht uns freundlicher Sonnenschimmer;
Seht, wie die Schatten zur Ferne schon fliehen,
Wie alles leuchtet in goldenem Flimmer! –
Frischauf, zum Tagwerk! – Munter! Zum Tagwerk!

Einzelne *(ergreifen ihre Hämmer und schlagen damit gleichmäßig auf ihre Ambosse).*

Männer. Was wohl, was ist des Zigeuners Gewinn?

Männer und Weiber.
Was wohl, was ist des Zigeuners Gewinn, o sagt?
Was, ja, was ist sein Gewinn?

Männer. Was des Zigeuners, was sein Gewinn, sagt?

Männer und Weiber. Ein Weib mit treuem Sinn!

Männer *(von der Arbeit ausruhend, zu den Weibern).*
Füllet die Becher! – Laßt froh uns trinken,
Neue Kraft durchströmt dann alle Glieder!

Weiber *(ergreifen die Weinkannen, schenken ein).*

Männer und Weiber.
Seht, wie der Sonne Strahlen schon blinken,
Lasset ertönen die fröhlichen Lieder! –

Männer *(wie vorher).* Frischauf, zum Tagwerk! –
Was wohl, was ist des Zigeuners Gewinn?

Männer und Weiber.
Was wohl, was ist des Zigeuners Gewinn, o sagt?
Was, ja, was ist sein Gewinn?

Männer. Was des Zigeuners, was sein Gewinn, sagt?
Männer und Weiber. Ein Weib mit treuem Sinn!

Nr. 8. Kanzone

Azucena. Lodernde Flammen
Schlagen zum Himmel auf;
Von allen Seiten drängt sich die Menge,
Freches Gejohle tönt von allen Seiten her;
Und eine Söldnerschar
Führt ein Weib in der Mitte.
Schrecklich flammt des Feuers Glut
Von ihrem Antlitz wider,
Stumm und verzweifelnd
Starrt sie zum Himmel empor!
Hell lodern Flammen,
Schon naht das Opfer
Im schwarzen Gewande,
Fliegend die Haare!
Angstruf des Todes tönt von den Lippen ihr,
Hallt furchtbar wider vom Berg und vom Tale!
Schrecklich flammt des Feuers Glut
Von ihrem Antlitz wider!
Stumm und verzweifelnd
Starrt sie zum Himmel empor!

Nr. 9. Zigeunerchor und Solo

Männer und Weiber.
Traurig ist dein Gesang.
Azucena. Ach, traurig war auch,
Furchtbar traurig und schrecklich,
Was ich jetzt euch erzählte!
(Sie blickt zu Manrico empor, ihm zuflüsternd.)
O räche mich! O räche mich!
Manrico. Und immer dasselbe Wort!
Ein alter Zigeuner.
Frischauf nun, ihr Gefährten,
Laßt froh uns weiter ziehn!
Der neue Tag
Bringt uns neuen Gewinn! –
Frischauf denn!
Männer und Weiber. Frischauf denn!

(Sie haben das Lager vollständig abgebrochen und entfernen sich mit den Wagen, Geräten, ihren Bündeln und sonstigem Eigentum.)

Männer *(sich entfernend).*
Was wohl, was ist des Zigeuners Gewinn?
Weiber *(ebenso).*
Was wohl, was ist des Zigeuners Gewinn, sagt?
Männer. O sagt!
Weiber. Was ist wohl sein Gewinn?
Männer. Was sein Gewinn?
Was des Zigeuners, was sein Gewinn, sagt?
Männer und Weiber *(schon aus der Entfernung).*
Ein Weib mit treuem Sinn! –

ZWEITER AUFTRITT

Azucena. Manrico.

Nr. 10. Szene und Erzählung

Manrico. Wir sind allein nun!
Erkläre mir die traurige Kunde.
Azucena. Dir ist sie noch unbekannt?
Ja, deiner Jugend goldne Tage
Hast du gewidmet stets nur dem Ehrgeiz.
Es war dies meiner Mutter furchtbar Ende.
Angeklagt, daß sie durch frevelnde Höllenkünste
Habe das Kind des Grafen Luna verzaubert,
Starb sie am Scheiterhaufen.
Manrico *(schaudernd dorthin blickend).*
Himmel, was hör ich?
Azucena. Die Hände in schweren Ketten,
Sah ich sie beim letzten Gange;
Mein Söhnlein in den Armen,
Folgt' ich ihr stumm verzweifelt.
Ich flehte mit heißen Tränen:
Laßt einmal sie mich noch sehen!
Ach, ohne mich zu segnen,
Mußte sie von dieser Erde gehn.
Wild fluchte ihr die Menge
In wilden Hasses Taumel
Und sah mit wahrer Höllenlust

Sie auf den Holzstoß steigen.
Sie rief in Todesqualen:
›O räche mich!‹ mir zu.
Dies Wort, ich hör es immer,
Und nimmer läßt es mir Rast noch Ruh'.

Manrico. Und nahmst du Rache?

Azucena. Des Grafen Sohn wußte ich zu rauben,
So wollte ich mich rächen:
Es lohte schon hell die Flamme –

Manrico. Die Flamme! O Gott! *(Schaudernd.)*
Was tatst du?

Azucena. Ach, seine Tränen, sie drangen
Mir in die Tiefe der Seele,
Mein Entschluß wollte wanken –
Doch plötzlich vor meinen Augen
Seh ich ein Bild erscheinen,
Hör die arme Mutter
Im Todeskampfe weinen.
Ich höre die letzten Seufzer,
Ich seh ihr Auge brechen;
Schauder und Wahnsinn ergreift mich,
Ich höre, wie sie mir zuruft:
›Meine Tochter! O räche mich!‹
Es zuckt mir die Hand in Krämpfen,
Und völlig sinnverwirrt
Ins prasselnde Feuer
Schleudre ich das Opfer.
Wild lechzend nach der Beute,
Schlagen die Flammen zusammen:
Was ich im Wahn begangen,
Wer kann es je verdammen?
Doch wie ich um mich blicke,
Wer steht an meiner Seite?
Es war der Sohn des Grafen!

Manrico. Gott! Was sagst du?

Azucena. Und meinem Sohn –

Manrico. Ach!

Azucena. Hatt' ich den Tod gegeben!

Manrico. Schreckenswort! O Schreckenswort!

Azucena. Mein Kind! Mein Kind –
Mein einzig Kind,

Ach, hatt' ich dem Tod
Geweiht!

Manrico. O Gott! – Schreckenswort!

Azucena. Noch bebt vor Schauder mir das Herz!
Mir bebt das Herz, mir bebt das Herz!
(Sie fällt erschöpft auf ihren Sitz.)

Nr. 11. Szene und Duett

Manrico *(nach einer Pause).* Ich bin dein Sohn nicht?
O sprich, wer bin ich? O rede!

Azucena *(ihn unterbrechend).* Du bist mein Sohn.

Manrico. Und doch – du sagtest –

Azucena. O nicht doch, ach, glaub mir.
Sooft ich denke an jene Schreckensstunde,
Verdunkelt sich mein Geist,
Und meinen Lippen
Entschlüpfen irre Worte.
Stand als Mutter
Ich liebend dir nicht stets zur Seite?

Manrico. Wie könnt' ich's leugnen?

Azucena.
O nein, du darfst mich niemals verleugnen.
Als mir die Schreckenskunde ward
Von deinem Tode,
Eilte ich auf die blutige Walstatt,
Ich wollte dich im stillen begraben.
Doch noch Leben fand ich in des Sohnes Brust.
Mit liebender Sorg' wacht' ich an deinem Lager,
Ach, meine Tränen, sie flossen,
Sie waren Balsam auf deine Wunden –

Manrico. Die mir jener Tag beschieden.
(Auf seine Brust zeigend.)
Hier trafen mich die Schwerter.
Ach, ganz verlassen von den Meinen,
Sah dem Feind ich voll Kampfbegier entgegen.
Der freche Luna stürzt über mich
Mit seinen Scharen:
Ich sinke, von Übermacht bezwungen.

Azucena. Das war der Dank,
Daß du ihn geschont im Zweikampf.
Warum hast du, mein Sohn,

Ihm das Leben nicht geraubt?
Sag, welches Mitleid hat damals dich ergriffen?
Manrico. O Mutter,
Es ist mir selbst noch ein Rätsel.
Azucena *(vorwurfsvoll)*.
Mitleid mit ihm? Mit deinem Feind!
Manrico. Daß noch einmal sie erschiene,
Jene Stunde, da Rache ihm drohte,
Und ich, stolz, mit des Siegers Miene
Großmutsvoll nicht weihte ihn dem Tode!
Damals sprach zu mir eine innre Stimme,
Und ich wehrte gewaltsam meinem Grimme!
Schon gezückt das Schwert auf ihn,
Wollt' ich üben streng Gericht.
Doch von dem Himmel rief eine Stimme:
›Schone deines Feindes Leben,
Schon sein Leben, töt ihn nicht!‹
Azucena. Doch in seinem harten Herzen
Regt sich keine solche Stimme,
Und, ein Opfer seiner Rache,
Fürchte dich vor seinem Grimme.
Wenn dir noch einmal winkt die Rache,
Opfre ihn dann der guten Sache;
Schone nicht sein ruchlos Leben,
Stoß das Schwert ihm in das Herz –
O denke an der Mutter Schmerz.
Winkt noch einmal dir die Rache,
Schon ihn nimmer,
Stoß das Schwert ihm in das Herz!
O denke deiner Mutter Schmerz!
Manrico. Ja, ich schwör es bei den Göttern,
Ich will rächen
Meiner armen Mutter Schmerz!
(Der Klang eines Hornes in der Nähe.)
Manrico. Es naht der Bote, den Ruiz mir sendet;
Was bringt er?
(Er antwortet mit seinem Horne.)
Azucena *(ohne an dem teilzunehmen, was vorgeht)*.
O räche mich!

DRITTER AUFTRITT

Azucena. Manrico. Bote.

Manrico *(zum Boten).* Tritt näher her!
Bringst von dem Kriege du neue Kunde?
Bote *(übergibt ein Schreiben).*
Hier der Befehl des Gouverneurs!
Manrico *(liest).* ›In unsrer Macht ist Kastellor.
Auf Befehl des Fürsten
Sollst du die Verteid'gung übernehmen;
Drum eil so schnell, als es dir möglich, her.
Noch heute abend wird Leonore,
Der man deinen Tod berichtet,
Im nahgelegnen Kloster mit dem heil'gen Schleier
Sich umhüllen.‹ – O ew'ge Götter!
Azucena *(erschrocken auffahrend).* Was ist dir?
Manrico *(zum Boten).*
O eile, fort, schnell von hinnen!
Und laß ein Pferd mir eiligst satteln.
Bote. Ich gehorche.
Azucena. Manrico!
Manrico. O Mutter, laß mich,
Laß mich schnell eilen!
(Zum Boten.) Du warte dann meiner.
Bote *(eilt ab).*

VIERTER AUFTRITT

Azucena. Manrico.

Azucena. Was willst du, was hoffst du?
Manrico *(für sich).*
Soll ich sie verlieren? Ach, sie verlieren!
Azucena. Er ist von Sinnen!
Manrico *(nimmt Helm und Schwert).* Leb wohl denn!
Azucena. Nein! Bleibe, hör mich!
Manrico. O laß mich!
Azucena. Bleibe! *(Streng.)*
Die Mutter spricht mit dir!
Nicht darfst du von meiner Seite,
Bis du innre Ruh' gefunden.

Wie, du willst fort in die Weite,
Und noch bluten deine Wunden!
Sieh, wie meine Tränen fließen,
Denn du bist mein höchstes Gut;
Ach, nicht darfst du dein Blut vergießen,
's ist mein eignes Herzensblut.

Manrico. Ach, der Mutter Tränen fließen,
Und sie ist des Grames Beute;
Doch ich will mein Blut vergießen,
Muß hinaus ins Weite.

Azucena. O Himmel!

Manrico. Hemme nimmer meine Schritte,
Höre deines Sohnes Bitte!
Ohne sie kann ich nicht leben,
Sie nur ist mein höchstes Gut!

Azucena. Sieh, wie meine Tränen fließen,
Denn du bist mein höchstes Gut;
Nicht darfst du dein Blut vergießen.
's ist mein eignes Herzensblut.

Manrico. Hemme nimmer meine Schritte,
Höre deines Sohnes Bitte!
Sie nur ist mein höchstes Gut!
Ohne sie kann ich nicht leben.

Azucena. Bleibe, ach, bleibe!

Manrico. O laß mich von hinnen!

Azucena. Höre mein Flehen!
Ach! O hör doch die Mutter,
Die zu dir bittend spricht!
O bleib, o bleib!

Manrico *(für sich)*. Sie nimmer sehn, welche Qual,
Welcher Schmerz für mein liebend Herz!
O laß mich fort! O laß mich fort!

Azucena. O bleib, o bleib bei mir! –
O höre mich, o bleib bei mir!

Manrico. Nein, laß mich fort, o laß mich fort! –
Laß mich fort!

(Er reißt sich los und eilt fort.)

VERWANDLUNG

Klosterkreuzgang, im Hintergrunde Bäume.
Trübe Mondnacht.

FÜNFTER AUFTRITT

Graf Luna. Ferrando. Lunas Anhänger in Mäntel gehüllt.
Dann die Stimmen der Nonnen.

Nr. 12. Szene und Arie

Graf. Alles ist stille!
Noch tönt nicht das fromme Lied
Durch die kühlen Lüfte;
Die Zeit ist günstig.
Ferrando. Gewagt, o Herr, ist dein Unternehmen!
Graf. Was sagst du? Gewagt nennst du, was Liebe,
Was tiefgekränkter Ehrgeiz fordern
Von mir? Kein Hindernis glaubt'
Ich meinen Wünschen entgegen,
Tot den Nebenbuhler. Da drohen
Meiner Liebe neue Gefahren.
Was hört' ich? O Gott!
Dem Altar will sie sich weihen!
Mein doch muß sie werden. –
Ihres Auges himmlisch Strahlen
Leuchtet schöner als die Sonne,
Und in ihrem Antlitz malen
Sich der Liebe Lust und Wonne.
All mein Sehnen, all mein Streben
Geht nach ihr, nach ihr allein;
Freudig gäb ich hin mein Leben,
Wird die Teure nimmer mein.
(Glockengeläute in der Nähe.)
Graf. Was hör ich? – O Gott!
Ferrando. Die Glocke verkündet die heil'ge Feier.
Graf. Eh' sie genaht dem Altar,
Sei sie entführt denn!
Ferrando. Bedenke!
Graf. Schweige! So will ich's!
(Zu seinen Anhängern.) Entfernt euch!
In der Bäume Schatten verbergt euch dort! –

O Leonore, bald bist du mein!
Mich verzehren der Liebe Flammen!
Ferrando und die Anhänger.
Nur still, nur still, verberget euch
Im stillen dunklen Hain!
Nur still, nur still, macht kein Geräusch
Und lasset ihn allein!
Graf. O dürfte ich es glauben,
Daß mir der Liebe reiner Frieden
An ihrer Brust beschieden,
Daß liebend strahlte mir ihr Blick.
Kein Gott kann sie mir rauben,
Und froh lacht mir das Leben,
Dein ist mein ganzes Streben,
All meine Lust, all mein Glück!
Ferrando und die Anhänger.
Nur still! Nur still! Nur still!
Graf. Kein Gott kann sie mir rauben!
Ferrando und die Anhänger.
Nur still! Nur still! Nur still!
Graf. Nur sie allein ist all mein Glück!
Meine Liebe werd ich ihr bewahren,
Nur sie ist all mein Glück!
Kein Gott kann sie mir rauben!
Nur sie ist all mein Glück! –
Meine Liebe werd ich ihr bewahren,
Nur sie ist all mein Glück!
Still, still, kein Geräusch!
Verbergen wir uns in dem Schatten stiller Nacht!
Macht kein Geräusch, nur stille!
Haltet Wacht, macht kein Geräusch, nur still!
(Er entfernt sich nach und nach.)
Ferrando und die Anhänger.
Stille, still, nur still, macht kein Geräusch!
Still, still, verbergen wir uns jetzt!
Haltet Wacht, macht kein Geräusch, nur still!
(Sie ziehen sich zurück.)

Nr. 13. Chor der Nonnen und Chor der Grafenanhänger

Nonnen *(hinter der Szene).*
Ach, alle Qual des Lebens

Schwindet wie flücht'ge Tage,
Darum dein Leid ertrage,
Bald ist der Traum dahin.
Quäl dich nicht mehr vergebens,
Den Himmel such dein Sinn!

Graf. Es kann kein Gott –

Ferrando und die Anhänger. Nur still, nur still!

Graf. Sie rauben mir –

Ferrando und die Anhänger.
Macht kein Geräusch!

Graf. Es kann kein Gott –

Ferrando und die Anhänger.
Macht kein Geräusch!

Graf. Sie rauben mir!

Nonnen. Mit diesem heil'gen Schleier
Schwinden die ird'schen Triebe;
Denk nicht an deine Liebe,
Alles sei tot für dich;
Doch mit der heil'gen Feier
Öffnet der Himmel sich.

Graf. Es kann kein Gott sie rauben mir!
Ja, sie allein ist all mein Glück,
Nur sie ist meines Lebens Glück!
Es kann kein Gott sie rauben mir!

Ferrando und die Anhänger.
Macht kein Geräusch, verberget euch!
Nur still, nur still! Nur still, nur still!

Nonnen. Nimmer denk der Liebe!
Alles, alles sei nun tot für dich!
Der Himmel öffnet strahlend sich!

SECHSTER AUFTRITT

Leonore. Inez. Zwölf Nonnen.

Nr. 14. Szene und Chor der Nonnen

Leonore *(zu Inez und Gefolge).* Warum in Tränen?

Inez. Für immer sollen wir dich verlieren!

Leonore. Ach, meine Teuren!
Nicht lächelt mir mehr die Freude;
Kein Hoffnungsschimmer gibt Trost für mich.

Zu Gott erheb ich mein Herz –
Ja, er allein kann Trost mir verleihen;
Und wenn dann meine Tage enden,
Werd ich im Himmel mit ihm verbunden sein,
Der mir mein alles einst war.
Spart eure Tränen und führt mich zum Altare.

SIEBENTER AUFTRITT

Die Vorigen. Graf, Ferrando und Gefolge.

Graf. Nimmermehr!
Inez und Nonnen. Der Graf hier?
Leonore. Großer Gott!
Graf. Ja, am Altare sollst
Du dich mit mir vereinen!
Inez und Nonnen. Ha, der Verwegne!
Leonore. Unsel'ger, dein Begehren?
Graf. Dich mein zu nennen!
Alle. Ah!

ACHTER AUFTRITT

Die Vorigen. Manrico stürzt in Leonores Arme.

Nr. 15. Sextett

Leonore. O Gott, ist's nur ein schöner Traum?
Du liegst an meinem Herzen;
Ich traue meinen Sinnen kaum.
Entschwunden sind die Schmerzen.
Ich kann die Lust nicht fassen, ach!
Das Herz erbebt in Seligkeit!
Von dir, von dir nicht lassen
Will ich in Ewigkeit!
Graf. Stehn aus den Gräbern
Tote wieder auf zu neuem Leben?
Manrico. Nah schon dem Tode war ich,
Doch Gott schenkte mir das Leben.
Graf. Soll fruchtlos sein mein heißes,
Mein glühend heißes Streben?
Manrico. Hat mir mein höchstes Gut,
Hat dich mir wieder jetzt gegeben!

G r a f. Kann ich im Kampf dich nicht besiegen,
So lebe fern von hier.
Raube mir nicht meine Lust,
Meines Lebens Seligkeit,
Ja, meine höchste Seligkeit!
M a n r i c o. Schon drohte mir der Feinde Wut,
Doch Gott beschützte mich,
Und mir winkt jetzt höchste Lust!
Ja, an deiner treuen Brust
Lacht mir der Liebe Seligkeit!
L e o n o r e. Ach, mir lacht bei dir
Die höchste Seligkeit!
Ich traue meinen Sinnen kaum,
Ist dies ein schöner, schöner Traum?
Entschwunden sind nun die bittern Schmerzen,
Und du liegst an meinem Herzen!
Ach, das Glück, ich faß es kaum!
I n e z. Der Himmel schenkt Erbarmen dir!
Es ist kein Traum, kein leerer Traum!
G r a f *(zu Manrico).*
Kann ich im Kampf dich nicht besiegen,
Fliehe weit, ja, weit von hier!
Ohnmächt'gen Zorns möcht ich erblassen,
Denn er raubt meines Lebens Wonne mir!
O wär' dies alles doch nur ein Traum!
Wär' dies alles doch nur ein schnell verflogner,
Ein flücht'ger Traum!
F e r r a n d o *(zum Grafen).*
Du hast das Schicksal selbst beschworen,
Und es rächt sich jetzt an dir!
Dein höchstes Gut, es ist verloren,
Ja, er raubt's verwegen dir!
Es ist kein Traum, es ist kein leerer Traum!
M a n r i c o. Dich seh ich wieder, dich, mein alles!
Es lacht dein treuer Blick zu mir!
O schwinde nicht, du schöner Traum!
N o n n e n *(zu Leonore).*
Der Himmel schenkt Erbarmen dir!
Es ist kein Traum, es ist kein leerer Traum!
A n h ä n g e r d e s G r a f e n *(zum Grafen).*
Du hast das Schicksal dir selbst beschworen,

Und es rächt sich nun an dir!
Es ist kein Traum, es ist kein leerer Traum!

NEUNTER AUFTRITT

Die Vorigen. Ruiz. Anhänger Manricos.

Ruiz und die Seinen. Urgel lebe!
Manrico. Ha, meine Getreuen!
Ruiz *(zu Manrico)*. Folg uns!
Manrico *(zu Leonore)*. O komm mit mir!
Graf. Kannst du's wagen?
Leonore. Ach!
Manrico *(zum Grafen)*. Zurück!
Graf *(das Schwert ziehend, zu Manrico)*.
Rauben willst du sie mir? Nein!
Ruiz und seine Anhänger. O Wahnwitz!
Ferrando und seine Anhänger *(zum Grafen)*.
Was tust du – o Herr!
Graf *(wütend)*. Nicht bezähmen kann ich meine Wut.
Inez *(zu Leonore)*.
Der Himmel hat Mitleid mit dir!
Leonore. Ach, es zittert mir die Seele!
Manrico *(auf den Grafen zeigend)*.
Sterben soll er! Ja, der Tod sei sein Los!
Ruiz und Anhänger Manricos *(zu Manrico)*.
Folg uns! Folg uns!
Dir lacht das Leben in Wonne und Lust!
Graf. Alle treff euch mein Fluch!
Ferrando und Anhänger des Grafen *(zum Grafen)*. Mut nur! Mut nur!
Klug sei und weiche der stärkeren Macht!
Nonnen. Der Himmel hat Mitleid mit ihr!
Leonore. Von dir, von dir nicht lassen
Will ich in Ewigkeit!
Du bist meine Seligkeit!
Inez und Nonnen. Ja, Gott erbarmte sich!
Manrico. Teure, komm, folge mir!
Ruiz *(zu Manrico)*. Dir winkt des Lebens Glück!
Graf. Alle treffe euch mein Fluch!
Ferrando. Herr, o verzage nicht!

Anhänger Manricos *(zu Manrico).*
Dir winkt des Lebens Glück!
Anhänger des Grafen *(zum Grafen).*
Herr, o verzage nicht!
(Manrico eilt mit Leonore davon, während Ruiz und die Seinen mit den Anhängern des Grafen handgemein werden.)

DRITTER AUFZUG

Der Sohn der Zigeunerin

Lager, rechts und links Zelte.

Zur Rechten Graf Lunas Zelt, von dem als Zeichen des Oberbefehls die Fahne weht. In der Ferne erhebt sich die Feste Kastellor. Es ist Tag.

ERSTER AUFTRITT

Soldaten spielen, reinigen ihre Waffen, gehen umher. Dann bewaffnete Armbrustschützen.

Nr. 16. Introduktion und Soldatenchor

Einige Soldaten. In dem bunten Kampfgewühle
Spielen wir bald andre Spiele!
Andere Soldaten.
Und der Schwerter helles Glänzen
Wird die Siegespalme kränzen.
Eine Anzahl Armbrustschützen *(zieht bewaffnet hinten vorüber).*
Die Soldaten.
Seht, schon naht die Schar der Freunde,
Hochgeschwellt von Schlachtenmut.
Nimmer werden unsre Feinde
Trotzen solcher Kampfesglut.
Auf, auf zum Sieg!

ZWEITER AUFTRITT

Soldaten. Ferrando.

F e r r a n d o. Ja, meine Freunde, mit Tagesanbruch,
So will es unser Herr,
Beginne der Sturm auf die Feste.
Es winkt uns reiche Beute.
Das gute alte Recht
Steht euch zur Seite!
Wir siegen! Wir siegen!
D i e S o l d a t e n. Siegen oder sterben! –
Freudig ertönen die Kriegesgesänge,
Wer kann unserm kühnen Mute widerstehen?
Morgen schon soll von erstiegenen Mauern,
Von dem Turme unser Siegesbanner wehen!
Schönrer Sieg hat noch nie uns gelacht,
Die Feinde zittern vor unserer Macht!
Lasset blitzen die Schwerter
In der Morgensonne Gold,
Denn das Glück, es ist uns hold!
Laßt die Schwerter blitzen,
Das Glück, es ist uns hold!
(Sie marschieren ab, Ferrando folgt ihnen.)

DRITTER AUFTRITT

Graf allein. Dann Stimmen.

Nr. 17. Szene und Terzett

G r a f *(mit einem düstern Blick auf Kastellor).*
Sie ist in seiner Macht! Dieser Gedanke,
Er durchlodert mich mit Höllenqual
Und läßt mich nicht ruhen,
Sie ist in seiner Macht!
Doch morgen mit den ersten Sonnenstrahlen
Winkt mir willkommne Rache. –
O Leonore!
(Lärm und Stimmen in der Nähe.)

VIERTER AUFTRITT

Graf. Ferrando.

G r a f *(zu Ferrando).* Was gibt's?
F e r r a n d o. Durchs Lager schleichen
Sah man eine Zigeunerin.
Entdeckt von unsrer Wachen Auge,
Wollt' schnell sie entfliehen.
Mit gutem Grund besorgend,
Daß sie Kundschaft wollt' erspähen,
Ward sie verfolgt –
G r a f. Und gefangen?
F e r r a n d o. Du sagst es.
G r a f. Sahst du sie selbst?
F e r r a n d o.
Nein! Von dem Führer der Wache
Hört' ich die Kunde.
(Der Lärm verstärkt sich.)
G r a f. Man bringt sie.

FÜNFTER AUFTRITT

Graf. Ferrando. Soldaten mit Azucena.

S o l d a t e n. Nur vorwärts, Hexe, nur vorwärts!
A z u c e n a *(mit grellem Aufschrei).* Zu Hilfe!
S o l d a t e n. Nur vorwärts!
A z u c e n a. Laßt, o laßt mich!
Ach! Ihr seid grausam!
S o l d a t e n. Nur vorwärts!
A z u c e n a. So sprecht! Was tat ich?
G r a f *(zu Azucena).* Tritt näher!
Gib jetzt mir Antwort,
Nur Wahrheit sprech' dein Mund!
A z u c e n a. Was verlangst du?
G r a f. Wohin willst du?
A z u c e n a. Ich weiß nicht.
G r a f. Was?
A z u c e n a. Wir Zigeuner wissen nimmer,
Wo die Schritte hinlenken;
Im frühen Morgenschimmer

Ziehn fröhlich wir hinaus,
Sind überall zu Haus.
G r a f. Woher kommst du?
A z u c e n a. Aus Biscaya,
Wo in den Bergen ich mich verborgen hatte
Bis zu der Stunde.
G r a f. Aus Biscaya?
F e r r a n d o. Was hör ich? O meine Ahnung!
A z u c e n a. Dort verlebt' ich trübe Stunden,
War doch heiter und zufrieden;
Nur ein Glück war mir beschieden,
Ja, mein Sohn! Doch er ist verschwunden!
Ach, wo ist er, der geliebte?
Kann ich ihn nimmermehr finden,
Der mein Herz so sehr betrübte,
Ihn, der Mutter einz'ge Lust?
Laß der Mutter Leiden schwinden,
Komm, teurer Sohn, an ihre Brust!
F e r r a n d o. Diese Züge –?
G r a f. Sprich, wie lange
Weilst du schon in diesen Bergen?
A z u c e n a. Lange, Herr!
G r a f. Und weißt du nicht mehr, daß
Ein Kind des Grafen Luna
Aus seinem Schlosse man entführte?
Fünfzehn Jahre sind schon verstrichen.
A z u c e n a *(in banger Erwartung).*
Und du? Rede! Du bist –?
G r a f. Der Bruder des Geraubten.
A z u c e n a. Ah!
F e r r a n d o *(in gesteigerter Erwartung).* Ja!
G r a f. Hast du denn nichts vernommen?
A z u c e n a. Ich? Nein! Doch laßt
Der Spur des Sohnes
Mich jetzt folgen! *(Will gehen.)*
F e r r a n d o. Bleib, Verruchte! *(Er ergreift sie.)*
A z u c e n a. O Gott!
F e r r a n d o. Sie ist es, die
Das schreckliche Verbrechen hat begangen!
G r a f. O rede!
F e r r a n d o. Sie ist es!

Azucena *(leise zu Ferrando)*. Schweige!
Ferrando. Die fühllos warf das Kind in die Flammen!
Graf. Ha, Schändliche!
Soldaten. Diese ist es!
Azucena. Es ist Lüge!
Graf. Der Sühne kannst du nicht entgehen!
Azucena *(in Angst)*. Ah!
Graf. Bindet sie noch fester!
Azucena. O Himmel, o Himmel!
Soldaten. Heule nur!
Azucena. Und du, mein Sohn, o mein Manrico,
Hörst du nicht mein Angstgeschrei,
Stehst nicht der armen Mutter bei?
Graf. Sie, die Mutter meines Feindes –
Ferrando *(drohend zu Azucena)*. Zittre!
Graf. Ist nun in meiner Macht!
Ferrando. Zittre! Bebe!
Graf. O Wonne!
Azucena *(aufschreiend)*. Ah!
Erhört der Armen Flehen doch,
O lasset euch erweichen!
Erdulden diese Höllenqual
Ist mehr als qualvoll enden.
(Zum Grafen.)
Und du, statt dich zu rächen,
O vermeide das Verbrechen!
Zittre, noch lebt im Himmel dort
Ein Gott, der dich bestraft!
Graf. O schändlich Weib, es ist dein Sohn,
Der mir mein Glück entrissen!
Mit einem einz'gen Streich möcht ich
Euch schmettern beide hin zu meinen Füßen!
In meiner Brust erglühen
Und in wilden Flammen sprühen
Fühl ich die Lust,
Den Bruder zu rächen.
Dein Verbrechen sei hart bestraft!
Ferrando und Soldaten.
Dein wartet schon der Feuertod,
Bald fühlest du die Todesqualen.
Wenn dein Verbrechen wird gesühnt,

Die Flammen hell erstrahlen!
In schreckensvollen Gluten
Wirst du nun bald vergehen!
Durch Martern und durch Höllenqual
Sühn deine Schuld!

Soldaten *(führen auf einen Wink des Grafen Azucena mit sich fort).*

VERWANDLUNG

Saal auf der Feste Kastellor.
Es ist in der Nacht.

SECHSTER AUFTRITT

Leonore. Manrico. Ruiz.

Nr. 18. Szene, Arie und Stretta

Leonore *(zu Manrico).*
Hört' ich nicht vorhin fernes Waffenklirren?

Manrico. Ja, die Gefahr naht, warum
Länger es noch verhehlen?
Eh' noch der Morgen graut,
Sind vom Feind wir umzingelt.

Leonore. O Gott! Was sagst du?

Manrico. Unsrem Schwert aber wird er bald erliegen,
Hoher Geist beseelt auch mich
Und meine Scharen! *(Zu Ruiz.)* Und du,
Sei du ihr Führer, während
Ich nicht zugegen; ja, dir vertrau ich
Und deinem Mute.

Ruiz *(geht mit zustimmender Gebärde ab).*

SIEBENTER AUFTRITT

Leonore. Manrico.

Leonore. Welche trübe Ahnung
Macht meine Seele beben?

Manrico *(sie in seine Arme fassend).*
O verbanne die Sorgen,
Denk unsrer Liebe!

Leonore. Vermag ich's?
Manrico. Nur dir weih ich mein Streben,
Für dich, o Teure, geb ich willig mein Leben. –

Arie

Daß nur für dich mein Herz erbebt,
Läßt meinen Mut nie sinken!
In mir nur heiße Rache lebt,
Schon seh den Sieg ich winken.
Doch fall ich von des Feindes Hand,
Dann weih mir stille Tränen,
Mir lacht ein schönes, beßres Land,
Wo keine Qual, kein Sehnen
Das arme Herz mit Leiden füllt,
Der Kummer ist gestillt. Ach!
Mein letzter Hauch noch sage dir,
Du warst die höchste Wonne mir!
Im ew'gen Strahlenmeer,
Dort trennt kein Tod uns mehr.
(Orgeltöne aus der Schloßkapelle.)
Beide. Wie tönt so fromm der heil'ge Klang!
Tief dringt er in die Seele mir,
Ja, ew'ge Lieb' und Treue schwör ich dir.

ACHTER AUFTRITT

Die Vorigen. Ruiz.

Ruiz. Manrico!
Manrico. Nun?
Ruiz. Mit Ketten schwer beladen
Führt man zum Holzstoß die Zigeunrin!
Manrico. O Himmel!
Ruiz *(zeigt nach dem Fenster).* Schon lodert hell
Die Flamme, die sie soll verzehren.
Manrico. O Gott, das Herz erstarrt in mir!
(Er nähert sich dem Fenster.)
Ein Schleier deckt mein Auge!
Leonore. Du zitterst?
Manrico. Ich muß es!
Wisse denn – ich bin –

Leonore. O sprich!
Manrico. Ihr Sohn!
Leonore. Weh!
Manrico. O schrecklich! Ich faß es kaum!
Ist's Wahrheit oder nur ein Traum?
(Zu Ruiz.) Ruf meine Scharen zur Hilfe schnell herbei!
Fort! – Fort! Eile! – Fliege!
Ruiz *(eilt ab).*

NEUNTER AUFTRITT

Leonore. Manrico.

Manrico. Lodern zum Himmel seh ich die Flammen,
Schauder ergreift mich, starr bleibt der Blick;
Soll nicht des Himmels Macht all euch verdammen,
So gebt mir wieder mein höchstes Glück!
Ach, teure Mutter, du sollst nicht sterben!
Du, meine Wonne, bleibe bei mir!
Bald soll die Erde Feindesblut färben,
Doch flieht dein Leben, sterb ich mit dir!
Leonore. Mein armes Herz fühle ich erbeben,
Und Angst erfüllt meine Seele mir!
(Manrico geleitet sie hinaus.)

ZEHNTER AUFTRITT

*Manrico allein. Dann Ruiz und Gefolge.**

Manrico. Lodern zum Himmel seh ich die Flammen,
Schauder ergreift mich, starr bleibt der Blick;
Soll nicht des Himmels Macht all euch verdammen,
So gebt mir wieder mein höchstes Glück!
Ach, teure Mutter, du sollst nicht sterben!
Du, meine Wonne, bleibe bei mir!
Bald soll die Erde Feindesblut färben,
Doch flieht dein Leben, sterb ich mit dir!
Ruiz und die Anhänger.
Zum Kampfe! Zum Kampfe!

* Der Schlußchor wird häufig gestrichen, um den Aufzug mit einer Solonummer Manricos enden zu lassen.

Führ uns zum Kampf!
Siegen wollen wir oder sterben mit dir!
Zum Kampfe! Zum Kampfe! Zum Kampfe!
Führe uns zum Kampfe!
Manrico. O meine Mutter! –
Ach, flieht dein Leben,
Dann sterb ich mit dir!
Zum Kampfe! Zum Kampfe! Zum Kampfe!
Manrico *(stürmt hinaus, die andern folgen ihm).*

VIERTER AUFZUG

Das Hochgericht

Ein Seitenflügel mit Tor am Palast Aliaferia auf der rechten Seite. Darüber ein Turm, dessen Fenster mit Eisengittern versehen sind. Es ist finstere Nacht.

ERSTER AUFTRITT

Ruiz. Leonore.

Nr. 19. Szene und Arie

Ruiz *(leise).* Hier sind wir. Dort ist der Kerker,
Wo tief in Nacht versenkt
Die Gefangnen schmachten.
Hier seufzt Manrico in schweren Ketten.
Leonore. Fort jetzt, lasse mich;
Denn für mich darfst du nichts fürchten.
Vielleicht kann ich ihn retten!
Ruiz *(geht ab).*

ZWEITER AUFTRITT

Leonore allein. Dann Stimmen.

Leonore. Nicht kenn ich Furcht, dies Gift hier
Schützt mich vor allem Unheil. –
Du kannst es wohl nicht ahnen,

Daß liebend ich in deiner Nähe,
O mein Manrico!
O Nachthauch, eilends
Bring ihm die Kunde,
Daß ich nicht ferne, daß ich so nahe
Dem teuren Freunde weile. –
In deines Kerkers tiefe Nacht
Soll meine Klage dringen,
Die mich dem Tode nahgebracht.
Ein Trost ist dir geblieben:
Mein heißes treues Lieben!
O denke einmal noch zurück,
Wie hold uns gelacht der Liebe Glück!
Und fleh ich vergebens, vergebens himmelwärts,
Teurer Freund, dir bleibt mein Herz.
(Totenglocke in Es.)

Stimmen *(zugleich von innen: Miserere).*
Hab Erbarmen, o Herr, mit einer Seele,
Die deinem ew'gen Throne naht mit Beben;
Daß sie bittre Reue nimmer quäle,
Schenke ihr gnadenvoll das ew'ge Leben.

Leonore. O Himmel, was hör ich!
Welch schaurige Klänge?
Sie machen erbeben mir
Das Herz in der Brust.
Es steigen zum Himmel
Die Todesgesänge,
Ich bin, ja, ich bin überwältigt von Schmerz.

Manrico *(im Innern des Turmes).*
Schon naht die Todesstunde,
Ewige Ruh' winkt mir;
O Leonore, du all mein Glück,
Meine Lust, gedenke mein!

Leonore. O Gott!

Manrico. Denn meine Seele bleibt bei dir.

Leonore. Weh! Ich vergehe!

Stimmen *(von innen, Totenglocke wie vorher).*
Hab Erbarmen, o Herr, mit der Seele,
Die deinem ew'gen Throne naht mit Beben;
Daß sie bittre Reue nimmer quäle,
Schenke ihr gnadenvoll das ew'ge Leben.

Leonore. Mein alles verschließen –
Stimmen. Hab Erbarmen!
Leonore. Die finsteren Mauern!
Stimmen. Hab Erbarmen!
Leonore. O könnte ich Gnade doch –
Stimmen. Hab Erbarmen –
Leonore. Für ihn noch erflehn!
Stimmen. Mit dem Armen!
Leonore. Und wenn sie sich öffnen –
Stimmen. Ew'ger Vater!
Leonore. Mit schrecklichem Schauern,
Ach, werde im Tode
Ich ihn vielleicht sehn?
Stimmen. Hab Erbarmen!
Manrico. Ja, bis zum letzten Hauche
Bist du mein alles mir!
O Leonore, du all mein Glück,
Meine Lust, gedenke mein!
Denn meine Seele bleibt bei dir!
Leonore. Ich sollte dein nicht denken?
O du mein alles! Du meine Wonne!
Die Kräfte schwinden mir!
Ich denke ewig nur dein!
Manrico. Ja, bis zum letzten Hauche
Bist du mein alles mir!
O du mein Glück, du meine höchste Lust!
Gedenke mein! Gedenke mein!
Stimmen *(wie vorher)*.
Hab Erbarmen! Hab Erbarmen!
Mit den Armen hab Erbarmen!
Ew'ger Vater, mit den Armen,
Ew'ger Vater, hab Erbarmen!
Leonore. Du all mein Glück, ich denke nur dein! –
Nie hat noch in meinem Herzen
Wahre Lieb' so heiß geflammt,
Trotzen will ich allen Schmerzen,
Sei ich auch mit ihm verdammt.
Mit dem höchsten Opfermute
Will ich ihn dem Tod entziehn;
Sollt' es mir auch nicht gelingen,
Sterb ich freudig dann mit ihm!

DRITTER AUFTRITT

Leonore. Graf. Bewaffnete.

Nr. 20. Szene und Duett

G r a f. Vernahmt ihr? Wenn es tagt,
Sei dem Beil er verfallen
Und seine Mutter dem Holzstoß!
D i e B e w a f f n e t e n *(gehen ab).*

VIERTER AUFTRITT

Graf. Leonore. Später die Bewaffneten.

G r a f. Und sollt' ich auch die Vollmacht überschreiten,
Die der Infant verliehen,
Es fällt die Schuld nur
Auf die so heiß Geliebte!
Wo mag sie weilen?
Die Festung ward erstürmt,
Und doch von ihr keine Kunde.
Sie zu entdecken, konnte
Mir nicht gelingen.
Wo mag die Teure weilen?
L e o n o r e *(hat sich dem Grafen genähert).*
In deiner Nähe!
G r a f. Die Stimme! Himmel! Du bist es?
L e o n o r e. Du siehst es!
G r a f. Was dein Verlangen?
L e o n o r e. Dem Tode nah schon ist Manrico,
Und du kannst fragen?
G r a f. Du könntest wagen?
L e o n o r e. Für ihn will Gnade ich erflehen!
G r a f. Ha, welcher Wahnwitz!
L e o n o r e. Erbarmen!
G r a f. Erbarmen mit ihm,
Der mein Glück mir stahl!
L e o n o r e. Der Segen des Himmels wird dich lohnen!
G r a f. In meiner Brust erglüht nur Rache! Ja,
Fürchterliche Rache hab ich ihm zugeschworen!
L e o n o r e. O hör mein Flehn! Erbarmen mit ihm!
G r a f. Fort! – Fort, fort!

Leonore *(wirft sich dem Grafen zu Füßen).*
Sieh meiner heißen Tränen Flut
Strömen zu deinen Füßen.
Gern will mit meinem Herzensblut
Ich all seine Frevel büßen!
Morde mich! Morde mich!
Für ihn will ich freudig büßen!
Sterben für ihn ist Seligkeit,
Ist er nur vom Tod befreit.

Graf. Und wär' mit tausend Martern doch
Sein liebend Herz erfüllet,
Wär' meine Rache noch,
Wär' sie noch nicht gestillet!

Leonore. Morde mich!

Graf. Nur du! Du bist meine Seligkeit,
Und er sei dem Tod geweiht!

Leonore. Sterben für ihn ist Seligkeit,
Ist er nur vom Tod befreit!

Graf. Nur du, du bist meine Seligkeit,
Und er sei dem Tod geweiht!

Leonore. Ich sterbe mit Freuden,
Kann ich ihn erretten;
O höre mein Flehen!
Er, der Geliebte, sei vom Tod befreit. –
O höre mein Flehen! O höre mein Flehen!
Ja, sterben für ihn ist Seligkeit,
Ist er nur vom Tod befreit! –

Graf *(will sich entfernen).*

Leonore. Hör mich!

Graf. Vergebens!

Leonore. Gnade!

Graf. Nein, keine Macht der Welt
Kann sie erlangen. Fort von hier!

Leonore. Hör mich! Um *einen* Preis doch,
Den ich dir nun biete.

Graf. Der wäre? Erkläre, sprich!

Leonore. Ich selber!

Graf. Himmel, was sagst du?

Leonore. Und halten werd ich treulich
Mein Versprechen.

Graf. O Gott! Ist's Traum nur?

Leonore. Des finstern Kerkers Pforten laß
Mir öffnen, und ist er deiner Rache
Entflohen – bin ich die Deine!
Graf. Du schwörst es?
Leonore. Ich schwör's bei Gott,
Der zum Grund des Herzens hinabsieht!
Graf *(geht zum Tor und stößt die Tür auf)*. Herbei!
Die Bewaffneten *(von vorher werden sichtbar)*.
Graf *(spricht leise mit ihnen und erteilt einen Befehl)*.
Leonore *(trinkt das Gift aus ihrem Ringe; für sich)*.
Die Seine werde ich,
Doch nur im Tode.
Graf. Er ist befreit!
Leonore *(in höchstem Jubel für sich)*.
Befreit, o welche Seligkeit!
Mein Herz kann sie nicht fassen,
Nun schwindet all die Qual, das Leid,
Für ihn will ich gern erblassen.
Der Tod ist mir die größte Lust,
Denk, Teurer, ich an dich!
Fühl ich's doch in der treuen Brust,
Gerettet bist du durch mich.
Graf. Noch einmal wiederhole mir,
Daß mir dein Lieben gilt.
Fern sei der Kummer dir,
Von neuer Hoffnung wird mein Herz erfüllt.
Leonore. Befreit!
Graf. Du mein, o welche Seligkeit!
Mein Herz kann sie nicht fassen,
Nie will ich von dir lassen,
Es schwindet alles Leid!
O welche Seligkeit!
Es schwindet alles bittre Leid!
Leonore *(für sich)*. Der Tod ist mir die größte Lust,
Denk, Teurer, ich an dich!
Fühl ich's doch in der treuen Brust,
Gerettet bist du durch mich!
Du bist befreit, o Seligkeit!
(Zum Grafen.)
Nur fort! Nur fort! Ich halte meinen Eid!
(Für sich.) Der Tod ist mir die größte Lust,

Denk, Teurer, ich an dich!
Fühl ich's doch in der treuen Brust,
Gerettet bist du durch mich!
Graf. Du bist nun mein! O welche Seligkeit!
(Mit erhobener Stimme.)
Bedenke deinen Eid!
Du mein, o welche Seligkeit,
Mein Herz kann sie nicht fassen!
Du bist nun mein, welche hohe Seligkeit!
Leonore. Ja, du bist durch mich befreit,
Welche hohe Seligkeit!
Graf. Ja, nun schwindet alles Leid!
O Seligkeit, o Seligkeit!

VERWANDLUNG

Kerker

FÜNFTER AUFTRITT

Azucena auf dem Strohlager. Manrico.

Nr. 21. Duett

Manrico. Schläfst du, o Mutter?
Azucena. Meine müden Augen
Meidet noch immer der sanfte Schlummer.
Ich bete.
Manrico. Ach, vor Kälte erstarren
Deine Glieder.
Azucena. Nein,
Doch diesem Grab der Lebend'gen
Möcht' ich bald entfliehen.
Ach, der Atem beginnt mir zu stocken.
Manrico. Entfliehn?
Azucena *(aufstehend)*. Nein, keine Sorge!
Nicht kann mich schrecken
Dieser Mörder Wüten.
Manrico. O rede!
Azucena. Sieh nur,
Wie in meine Züge

Des Todes Hand gegraben
Schon hat die düstern Zeichen.
M a n r i c o. Ah!
A z u c e n a. Ja, sie finden eine Leiche nur,
Schweigsam, grabeskalt,
Nur ein Gerippe mehr.
M a n r i c o. Mutter!
A z u c e n a. Hörst du's, dieses Lärmen?
Ja, die Henker, sie nahn!
Schleppen mich fort zum Holzstoß.
O schütze deine Mutter!
M a n r i c o. O Mutter, geliebte Mutter!
A z u c e n a. Der Holzstoß!
M a n r i c o. Glaub, niemand stört deine Ruhe.
A z u c e n a. Der Holzstoß – das Feuer – die Flamme,
Welch Todesgrauen!
M a n r i c o. O Mutter! O Mutter!
A z u c e n a. Einst schleppte ein wilder Haufe
Meine Mutter, die Arme,
Zum Holzstoß!
Siehst du dieses dunkle Schwelen?
Zitternd schon naht sie sich!
Die Glut ergreift sie.
Zum Himmel Funken stieben,
Wild rollen ihre Augen,
Todesschrecken umkrallt sie!
Ach! Wer bannt mir
Das schreckensvolle Bild?
(Sie fällt ohnmächtig in Manricos Arme.)
M a n r i c o *(führt sie auf ihr Strohlager zurück)*.
Wenn du mich liebst,
So hör meine Stimme.
O höre deines Sohnes Stimme!
Laß die Bilder entschwinden!
In sanftem Schlummer
Wirst Ruhe du wieder finden.
A z u c e n a.
Gern will ich schließen das Aug' zum Schlummer,
Dann schwindet mir auch der bittre Kummer.
Doch siehst du wieder Flammen erglühen,
Sohn, teurer Sohn, ja, dann wecke mich!

Manrico.
Ein schöner Traum möge hold dich umschweben,
Der ew'ge Vater, er schütze dich!
Azucena *(zwischen Schlaf und Wachen).*
In unsre Heimat kehren wir wieder,
Lockend ertönen fröhliche Lieder;
Laß deine Laute wieder erklingen,
In sanften Schlummer wiegt mich dein Gesang.
Manrico.
Auf zu dem Himmel soll mein Lied dringen,
Und Gott erhört den flehenden Klang.
Azucena. Laß deine Laute wieder erklingen,
In sanften Schlummer wiegt mich dein Gesang.
Manrico. Der Himmel erhört den flehenden Klang!
Azucena. In sanften Schlaf –
Manrico. Für dich, teure Mutter –
Azucena. Wiegt mich dein Lied
In sanften Schlaf –
Manrico. Für dich, teure Mutter,
Betet mein Lied, betet mein Lied!
(Er kniet bei Azucena nieder.)
Azucena. Wiegt mich dein Lied!

SECHSTER AUFTRITT

Leonore. Manrico. Azucena.

Nr. 22. Szene und Terzett

Manrico. Gott, wen erblick ich? Es ist kein Traum?
Leonore. Ich bin's, Manrico!
Mein Manrico!
Manrico. O Leonore!
Laß mich jetzt von der Erde scheiden,
Ew'ger Vater im Himmel!
O lasse jetzt mich sterben!
Leonore. Du wirst nicht sterben,
Ich bringe Rettung.
Manrico.
Rettung! Gott, was sagst du? Ist's Wahrheit?
Leonore. Leb wohl jetzt – und ohne Zögern
Schnell fort jetzt! Eile!

Manrico. Du wirst mir folgen!
Leonore. Nein, ich muß bleiben!
Manrico. Bleiben, du?
Leonore. Fort, eile!
Manrico. Nein!
Leonore. Wenn du zögerst –
Manrico. Nein!
Leonore. Ist dein Leben –
Manrico. Ich veracht es!
Leonore. Fort von hinnen!
Manrico. Nein!
Leonore. Ach, dein Leben –
Manrico. Ich veracht es! Doch
Sieh, Leonore, mir ins Auge!
Um welchen Preis hast
Mein Leben du erkauft? –
O Gott, du schweigst! Die Pulse beben.
Ja, meinem Feinde verdank ich mein Leben! –
Ha, dieses liebende Herz ist verraten!
Leonore. Wie du mich quälest!
Manrico. Verraten von ihr, die mein alles mir war!
Leonore. Wie kannst du denken,
Daß ich dich verraten könnte?
Nur du allein bist all mein Leben!
Manrico. Ha, Falsche!
Leonore. O hör mein Flehn, du bist verloren,
Der Himmel selbst nicht retten kann er dich!
Manrico. Ha, dieses liebende Herz ist verraten!
Leonore. Wie kannst du denken,
Daß ich dich verraten könnte!
Manrico. Verraten von ihr, die mein alles mir war!
Leonore. Nur du allein, du allein bist all mein Leben!
Manrico. Verraten bin ich!
Du hast getäuscht mein gläubig Herz! –
Nein! – Ich bin verraten!
Nein! – Mein Herz, es ist getäuscht! –
Von ihr verraten, die mir mein alles war! –
Von ihr getäuscht, die meine Lust,
Die all mein Glück, mein alles war!
Leonore. O hör mein Flehn, du bist verloren,
Der Himmel selbst nicht retten kann er dich,

O hör mein Flehn, der Himmel selbst
Kann retten dich dann nimmermehr!
O hör mein Flehn, du bist verloren,
Du bist verloren, hör auf mich!
O fliehe schnell, du bist verloren,
Dich lieb ich treu, dich lieb ich wahr!
(Sie fällt ihm zu Füßen.)

Azucena *(träumend).* Ah! –
In unsre Heimat kehren wir wieder,
Lockend ertönen fröhliche Lieder.
Laß deine Laute wieder erklingen,
In sanften Schlummer wiegt mich dein Gesang.
Es tönt dein Lied so rein und so klar!

Nr. 23. Schlußszene

Manrico. Entferne dich!
Leonore. Ach, verstoß mich nicht!
(Sie erhebt sich mühsam.)
Siehst du, schon fühl ich
Die Kraft mir schwinden!
Manrico. Fort, ich hasse dich!
Ich fluche dir!
Leonore. Manrico, hör mich!
Jetzt ist nicht Zeit,
Den Fluch auf mich zu schleudern,
Laß an Gott uns nunmehr denken.
Manrico. Ein Schauder ergreift mich,
Durchzuckt die Glieder.
Leonore *(umsinkend).* Manrico!
Manrico *(eilt, sie aufzurichten).*
Himmel! Erkläre mir! Rede!
Leonore. Mir wohnt der Tod
Im Herzen!
Manrico. Was sagst du?
Leonore *(schwächer werdend, ihre Hand in der seinen).*
Ach, diese Qualen!
Nicht glaubt' ich an so
Rasche Wirkung des Giftes.
Manrico. O Höllenqual!
Leonore. Fühlst du: die Hand, wie eisig –
(Auf ihre Brust weisend.)

Doch hier das Feuer,
Das mich durchlodert.
Manrico. O Gott, was tatst du?

SIEBENTER AUFTRITT

Die Vorigen. Graf. Bewaffnete.

Leonore. Eh' dieses Herz einem andern ich weihe,
Lieber, ach, erwähl ich den Tod.
Manrico. O Himmel! Und diesem Engel
Hab ich Tor geflucht!
Leonore. Nicht mehr ertragen –
Manrico. O höre mich!
Leonore. Kann ich die Schmerzen!
Ich sterbe! – Manrico!
Manrico. Gott!
Graf. Weh!
Leonore. Vater im Himmel,
Wirst du mir wohl verzeihen?
Graf. So war es Täuschung nur,
Für ihn weiht sie dem Tode sich!
Leonore *(in erlöschendem Schmerz).*
Eh' dieses Herz einem andern ich weihe,
Lieber weih dem Tod ich mich.
Manrico. Das Ende, es naht ihr, es bricht ihr Herz.
Und diesem reinen Engel konnte fluchen ich!
Graf. So hat sie mich getäuscht!
Für ihn weiht sie dem Tode sich.
Leonore *(zusammenbrechend).* Manrico!
Manrico. Leonore!
Leonore. Leb wohl! Ich sterbe! *(Sie stirbt.)*
Manrico. Ach! Sie stirbt, o Gott!
Graf. Weh! Sie stirbt!
(Zu seinen Bewaffneten, auf Manrico zeigend.)
Schleppt ihn zum Tode!
Die Bewaffneten *(ergreifen Manrico).*
Manrico. Mutter, leb wohl, o Mutter!
(Die Bewaffneten schleppen Manrico hinaus.)

ACHTER AUFTRITT

Graf. Leonore. Azucena.

Azucena *(erwachend).*
Manrico! Wo ist mein Sohn?
Graf. Er geht zum Tode!
Azucena. O haltet! Hört mich!
Graf *(schleppt sie nach dem Fenster).*
Sieh dort!
Azucena. Himmel!
Graf. Gerichtet!
Azucena. Er war dein Bruder!
Graf. Gott! Ist das wahr?
Azucena *(in wildem Wehe).*
Gerächt hab ich dich, o Mutter!
(Sie bricht zusammen.)
Graf *(in starrer Verzweiflung).* Ich Tor leb noch!